내가 되고 싶은 사람은...

내가 되고 싶은 사람

김져니 지음
1판 2쇄 발행 2025년 12월 25일

펴낸곳 요호이
발행인 김재태
교정·교열 레이, 홍현미
E-MAIL yohoi.official@gmail.com
SNS www.instagram.com/kimjourneydiary
ISBN 979-11-988988-4-5 03810

Copyright © Kimjourney, 2025
Illustrations © Kimjourney, 2025
All rights reserved.
본 책은 저작권법에 의해 보호를 받는 저작물이므로 무단전재와 무단 복제를 금합니다.
책값은 뒤표지에 있습니다.

내가 되고 싶은 사람

글·그림 김져니

빠르게 바뀌는 세상　10

싫은 건 싫다고 말하는 네가 좋아　12

여백 만드는 방법　14

생선구이를 먹으며 가시를 발라내는 일의 가치　16

오차범위　20

딸기잼 자국조차 남길 수 없는 독서란　22

좋겠다는 것들　26

언제쯤 어른　28

다 사람이 하는 일 아니겠어요　30

나이 계산법　32

새해를 맞이하는 이야기　34

아메리카노의 사회생활　36

유머 중독자　38

툼 레이더는 아니다만, 비슷한 일을 하고 있어요　42

불필요한 소비의 날　44

육아의 기쁨　46

퇴사　50

함께 키우는 꿈　54

Until The Next Time　56

#홍차를_마시고　60

거울 속의 나　64

롤러스케이트와 지갑　66

강낭콩　70

양파 마을　74

마음 좀 쓸 수 있는 어른　76

행복 이야기　78

즐거운 인생　82

좋아하면 닮는다　86

둥글게 둥글게　88

나의 행복을 지킨다　90

빠르게 바뀌는 세상

빠르게 변하는 것들 속에서 의미를 찾아야 하는 세상에 살고 있다. 건물도, 사람도, 하다못해 주머니 속 핸드폰 속 작은 화면까지도 빠르게 바뀐다. 새로운 건물, 다른 사람, 다음 화면으로. 나만 정체되어 있는 것은 아닐지 두려워 움직여 보지만, 솔직히 말하자면, 그 속도를 따라갈 자신은 없다.
그런데 이상하게도, 어느 날 우연히 마주한 일상에서 '괜찮다'라고 위로받는다. 엄마랑 할머니 댁을 찾아가 삼촌이 만들어 준 비빔국수를 먹은 날이었다. 삼촌은 분홍색 바가지에 삶은 면을 넣고 쓱쓱 국수를 비벼주었다. 정말 맵고 짰다. 엄마랑 나는 작은 식탁에 앉아 국수를 먹으며 맵다고 물을 연거푸 마셔댔다. 우리는 집으로 돌아오는 길에도 국수가 너무 짰다며 투덜댔다. 입술은 퉁퉁 부었지만, 마음이 참 가벼웠다. 그건 분명 기분 좋은 투덜거림이었다. 하늘은 맑고, 여전히 세상은 내가 알고 있는 그대로라는 생각이 들었다
세상이 아무리 빠르게 변할지언정, 바가지에 국수 비벼주는 삼촌이 있어 참 다행이다.

싫은 건 싫다고 말하는 네가 좋아

나의 딸 하루는 종종 나를 째려본다. 언제 째려보느냐 하면, 약통에서 약을 꺼내 입에 넣을 때, 마음에 들지 않는 옷을 입을 때—말도 잘하지 못하는 아기가 나를 째려보고 있는데, 그런 하루의 눈빛이 마음에 들어 웃음이 나온다.
'그 눈빛 오래도록 간직해라.'

하루는 이제 걸음마를 시작한 아기지만, 나는 어린 하루가 이 눈빛만큼은 간직해 주기를 바란다. 먼 훗날 사춘기를 맞이한 하루가 날카로운 눈빛으로 '어이, 엄마. 이건 아니잖아.'하는 순간이 오더라도 말이다.

나는 친절해야 한다는 생각에 나의 마음을 감추는 것을 먼저 배운 것 같다. 게다가 내 생각이 틀릴지도 모른다는 생각에 입을 닫고 있던 순간들도 많았다. 그래서인지, 하루는 틀려도 좋으니, 본인의 생각을 당당히 말하는 아이로 자랐으면 한다. 혹여 본인의 생각과 다르다면 왜 그런지 알고 싶어하는 아이면 좋겠다. 아마, 나와 승원의 모습을 통해 배울 것이기에, 우리는 그런 어른이 되기 위해 부지런히 노력하고 있다. 이렇게 우리 셋은 함께 자라고 있다.

"이건 아니지 않나요?"와 "네, 그 정도면 괜찮겠습니다."를 적절히 섞어 표현할 줄 알면 좋겠어 - 라는 생각을 하며 하루의 감기약을 탄다.
"하루야, 약 먹자."

"하루야, 이건 아니지. 벌써 다섯 번째야..."
"또, 또! 또 읽어줘!"

여백 만드는 방법

웬만해서는 사람을 싫어하지 않는다. 당연히 나도 사람이기에 부정적인 감정을 마주하지만, 시간이 조금 흐르면 안 좋았던 기억은 금세 털어낸다.
"다 사정이 있었겠지~"
이렇게 생각하는 편이 나의 건강에도 좋고, 상대의 건강에도 좋기를 바랄뿐더러, 어쨌거나 사람 일이란 어찌 될지 모르는 것이니 괜히 적을 두고 살고 싶지는 않은 거다.

오는 사람 막지 않고,
가는 사람 잡지 말고,
안 좋은 것은 빨리 털어내기.

나름의 철학이다. 과연 좋은 철학일까? 확신할 수 없다만, 이 점 한가지는 좋다. 마음에 여백이 생긴다. 보내야 할 것은 보내고, 새로운 것을 받아들일 여백이.

생선구이를 먹으며 가시를 발라내는 일의 가치

나는 생선구이를 좋아한다. 맛이 좋은 것은 당연지사, 진짜 이유는 젓가락질에 있다. 생선 살과 가시를 깔끔하게 발라낼 때 어깨가 으쓱해지기 때문이다. 성취감이다. 나는 생선을 좋아하는 아빠를 따라, 어릴 적부터 다양한 생선을 먹어본 덕에 웬만한 생선의 가시 분포를 본능적으로 알고 있다. 그래서 갓 구운 생선구이가 테이블 위로 올라오면, 어느 부위를 공략해야 깔끔하게 생선 살이 떨어질지 생각하며 젓가락을 든다.

그러나 젓가락질의 묘미를 진정으로 깨닫게 된 것은 대학 3학년 때쯤이었다. 전공 교수님이신 박재원 교수님과 전공생들이 모두 함께 종강을 기념하여 저녁을 먹던 날이었다. 꽤 정적인 분위기 속에서 식사가 진행되던 중, 주문한 생선구이가 나왔다. 나는 평소처럼 조용히 젓가락을 들고 생선 살을 바르기 시작했다. 마치 횟집에서 회를 뜨듯, 가시와 분리된 생선 살을 깔끔하게 옆으로 쌓아두었다. 그때, 조용히 앉아 계시던 교수님께서 놀란 듯 외치셨다.

"와, 지원 학생이 생선 살을 아주 깔끔하게 발라내네. 요즘 이런 친구는 보기 힘든데."

3년간 교수님의 수업을 들었지만, 그렇게 경쾌한 목소리는 처음이었다. 나의 생선 인생에서 그렇게 뿌듯한 순간이 또 있었을까? 교수님의 수업에서 A+를 받는 것보다 더 뿌듯한 칭찬이었다. (물론, 박 교수님의 수업에서 해당 점수를 받아본 적이 없었기 때문일 수도 있다) 교수님은 세심하고 꼼꼼하셨지만, 나의 실력은 늘 느슨했기 때문이다. 그래서 그날의 칭찬은 마치 "지원 학생이 허술한 사람인 줄 알았는데, 젓가락질 만큼은 꼼꼼하군요!"라고 말하는 듯했다. 늘 당연하게 여기던 나의 생선 살 젓가락질이 드디어 빛을 보는 순간이었다.

그 이후로 나는 식사 자리에 생선구이가 나오면, 내가 생선구이를 좋아한다는 사실과 함께, 생선 살을 바르는 일이 얼마나 가치 있는지 다시금 떠올린다. 부족한 것이 많은 나지만, 똑 부러지게 하는 일이 한 가지는 있다는 사실이 자신감을 준다. 자신의 존재가 이렇게 대단하다는 것을, 식탁 위 생선구이도 알아주면 좋겠다.

비록 부족한 점 많은 학생이었지만, 젓가락질처럼 똑 부러지게 살(기 위해 노력하)고 있습니다.

오차범위

직장에 다닐 때는 동료들과 함께 일하기 위해, 퇴사 후에는 삶과 일 사이의 균형을 지키기 위해, 자연스럽게 하나의 철칙을 가지게 되었다.
"모든 일에서 플러스-마이너스 10%의 오차범위는 예상할 것 (그러려니 넘길 것)."
이렇게 생각하지 않으면, 매번 발생하는 돌발 상황에 나의 에너지를 소진하기 때문이다. 변수는 늘 생기기 마련인데, 모든 것이 원하는 대로 딱딱 맞아떨어지는 요행은 바라지 않는다. 그래서, 이 정도의 오차범위는 당연한 일인 것으로 미리 알고 있다.
마음속에 오차범위를 만들어 두면, 손해를 보더라도 '이 정도는 어쩔 수 없는 일이야.' 하고 넘기게 되고, 뜻밖의 성과를 얻어도, '그 정도는 있을 수 있는 일이지.' 하고 담담하게 받아들이게 된다. 그리고 그런 자신을 보며 어른이 된 기분은 덤.

어른이 된 기분이란!

딸기잼 자국조차 남길 수 없는 독서란

우리 집 작은 서랍 속에는 나와 승원의 북 리더기가 자리 잡고 있다. 좁은 집에 읽고 싶은 모든 책을 둘 수 없기에 마련한 방안이다만, 북 리더기는 오래도록 사용하지 않아 늘 방전된 상태다.

정말 가지각색의 플랫폼 구독도 해보고, 심지어 좋아하는 만화책도 넣어 보고, 여행 갈 때 종이책 대신 가져가 보기도 했지만, 여전히 북 리더기는 어색하다. 마치 스크린 속 이성과 데이트하는 느낌이랄까.

책장을 넘기며 맡는 오래된 종이 냄새, 읽다가 괜히 그어보는 밑줄, 잠시 딴짓을 위해 페이지를 접어두는 일 따위가 부재한 책 읽기란 참 어색하다. 한 번은 움베르토 에코 역시 아이패드에 책을 담아 읽는다는 글을 읽은 적이 있다. 다만, 그에게도 '딸기잼 자국조차 남길 수 없는 독서란' 여간 불편한 일이 아니었다고 한다.

분명 불편함에 대한 대안으로 찾은 것인데, 또 다른 불편함을 호소하는 것을 보아하니, 아직 나는 종이 위에 인쇄된 글이 조금 더 편한 사람인가 보다.

< 어느 어른의 독서 이야기 >

1. (들고 다니기에 무거워서인가?) 읽는 책이 얇아지고 있다.

2. (씹다 만 음식을 훌러덩 삼키듯) 어려운 글은 이해한 척하지 않는다.

3. 연필로 밑줄을 그어야 제맛이다.

4. 읽고 싶을 때 - 읽고 싶은 만큼만 읽는다 (금세 책장을 덮어버린다).

좋겠다는 것들

"너는 진짜 조금도 변하지 않았네, 그대로다."
시간이 흘러도 그대로다 -부류의 말이 듣기 좋은 나이가 되어버렸다. 어쩜 이렇게 똑같냐는 말에 시무룩하던 시절이 있었는데 말이다. (그도 그럴 것이, 멋지게 한껏 차려입고 나왔는데 '똑같다'라는 말을 들으면 살짝 김이 빠지기 마련이지) 욕심을 내보자면, 조금 더 시간이 지난 후에도 이런 이야기는 듣고 또 듣고 싶다. 그래서 나와 대화를 나누던 친구가 문득 '아 이런 대화는 참 오랜만이네. 반갑다'라는 생각이 들면 좋겠다. 워낙 많은 것들이 제멋대로 변해버리니까.
그래서 삶이 조금 혼란스러울지언정, 변하지 않는 것은 늘 있다는 위안을 줄 수 있다면 좋겠고, 나 역시 친구를 통해 비슷한 위안을 얻었으면 좋겠다. 변치 말자, 우리 모두.

언제쯤 어른

나는 조금 피로해지면 오른쪽 윗입술이 잡힌다. 수험생이던 시절에는 거의 매일 입술이 잡혀있었고, 신경 쓰는 일이 생기면 입술이 잡히고는 하기에, 중요한 순간에는 꼭 오른쪽 윗입술에 물집이 올라와 있다. 물집이 올라오고 며칠이 지나면 물집이 가라앉고 딱지가 생긴다. 딱지가 완전히 사라지고 새살이 올라오기까지는 보통 일주일 정도가 걸리는 것 같다. 성인이 되어서는 몸이 피곤하다고 알려주는 신호라 생각하고, 입술이 잡히면 하던 일을 멈추고는 한다. 하지만, 오래도록 고치지 못한 바보 같은 짓이 하나 있다. 라떼 위에 휘핑크림을 올리듯 상처 연고를 잔뜩 바르는 것이다.

많이 바른다고 빨리 낫는 것이 아닌데, 그걸 알면서도 급한 마음에 연고를 듬뿍 짠다. 상처가 아물고 새살이 올라오기까지는 시간이 걸린다. 알면서도 이러고 있다. 그 시간을 기다려 줄 여유는 도대체 언제쯤에나 생기려나. 여유 있게 새끼손가락에 연고를 아주 조금 묻혀서 물집에 쓱쓱 바르는 날이 오면 '아 나도 어른이구나' 싶을 것 같다.

다 사람이 하는 일 아니겠어요

"다 사람이 하는 일 아니겠어요."
어려운 일을 마주할 때마다 머릿속에 떠오르는 말이다.
사람 사이에 벌어지는 일들은 될 일이 안 되기도 하고, 안될 일이 이루어지기도 한다. 그래서 '안된다', '막막하다'-류의 상황이 오면, 사람에게서 가능성을 찾는다. 어쩌면 될 수도 있다고 생각하기 때문이다. 관련된 사람들과 이야기를 주거니 받거니 하다 보면, '상황이 그러하니.' 하며 도움을 받는 경우도 있고, '그렇다면 이런 방법은 어떠실까요?' 하며 예상치 못했던 다른 해결책을 얻기도 한다. 어찌 되었든 막막한 경우도 더러 있다만, 그건 어차피 해결되지 못했을 일이었겠지 뭐.
아직 우리가 마주하는 많은 일들이 '사람과 사람 사이의' 것이라는 사실에 안도한다. 혹여 일이 잘 풀리지 않는다면, 긴장하지 말고, 대화를 이어 나가보자. 어쩌면 생각보다 물렁물렁하게 일이 풀릴지도 모르는 것이니까.

다 잘 될거야

나이 계산법

혼란스러운 일이야 한두 가지가 아니지만, 그중에서도 가장 혼란스러운 건 '나이 계산법'이다.

"우리 벌써 36이야."
"아니야. 나는 34야."
"나는 생일이 지났으니까 35야."

고등학교 친구들과 밥을 먹으며 나눈 대화다. 놀랍게도 우리는 각자 자기가 원하는 나이를 살고 있었다. 한 친구는 한국식 나이 계산법에 대한 전통을 지키겠다며 당당히 36살을 맞이하고, 나는 어릴수록 좋다며 34살을 주장한다. 혼란스럽다만, 각자 원하는 나이로 살 수 있다는 점이 매력적이다.
그나저나 서른여섯이라니…반올림하면 마흔이 될 수도 있는 나이가 되어버렸다. 근데 반올림이라는 개념은 애초에 누가 만든 거야- 하며 한탄하다가도, 아, 아니지. 그래도 올림보다는 반올림이 낫긴 하니까- 하며 위안을 삼는다.
쓥.

오늘은 몇 살이 되어볼까나.

새해를 맞이하는 이야기

지키지 않을 계획을, 지키지 않을 것을 알면서도, 다이어리 첫 페이지에 줄줄이 써 내려가는 것이 나의 연말-연초 행사다. 평생의 버킷리스트도 적어보고, 해보고 싶었던 사소한 일들까지 빠트리지 않고 기록한다. 마지막으로는 매년 잊지 않고 등장하는 단골 목표 '올해의 몸무게'와 '새해에는 일찍 일어나기'까지! 이렇게 페이지가 가득 차고 나면, 기분 째지게 새해를 맞이할 준비 완료다.

다만, 올해는 어떤 이유에서였는지 나만의 행사를 생략하게 되었다. 새해가 시작되는 적절한 시기에 이 행사를 열어야 했는데, 어쩌다 보니 12월 마지막 주와 1월 첫 주를 해가 가는지 모르게 정신없이 보내버렸기 때문이다.
얼렁뚱땅 1월 중순이 되니, 더 이상 새해 계획을 세울 기분이 들지 않았다. 그렇게 나는 다이어리에 아무런 계획도 적지 않은 채 한 해를 살고 있다. 우리 사이에 일종의 아이스브레이킹이 없었던지라, 처음에는 이 작은 다이어리를 펼칠 때마다 마음속으로 이런 대화가 오고 갔다.

다이어리 : 어허, 뉘신데 자꾸 함부로 들락날락하시는 게요?
나 : 지나가던 쇤네, 약조가 몇 가지 생겨 끄적이러 들렀사옵니다. 실례합니다.

그렇게 의도치 않은 해를 살고 있다. 계획이란 없을지언정 하나둘 잡히는 계획들을 하나씩 실행해 보는 한 해다. 조금 어색하다만, 그렇게 시간이 흐른다.
그래, 생각해 보면 언제 인생이 계획한 대로 된 적 있었나!

왈왈! (없었지!)

아메리카노의 사회생활

솔직히 말하자면, 쓰기도 쓰거니와, 잠 못 이루는 밤까지 선사해 주니, 아메리카노는 도대체 무엇이 좋아 마시는 음료인지 이해가 되지 않았다. 그런데 신기하게도 요즘은 디카페인 아이스 아메리카노 한 잔 마시고 싶다는 생각이 문득문득 든다. 이러한 변화 덕에, 사람들과 함께 카페를 가는 것이 즐거워졌다. 예전에는 메뉴판 속에서 차가 적혀있는 곳을 한참 들여다보고 있었다면, 지금은 자연스럽게 아아를 주문하기 때문이다.

처음 만난 사람들과의 자리에서, 게다가 음료 한 잔 얻어 마시는 자리가 생길 때면, 아메리카노를 고를 수 있다는 것은 굉장히 편리한 일이다. 이제 막 알게 된 사람이 "음료는 어떤 것을 주문하시겠어요?"라고 물어볼 때마다, "아, 잠시만요. 제가 커피를 마실 줄을 몰라서요." 하며 한참 메뉴판을 들여다보던 경험이 있는 사람들이라면 공감할 것이다. 정말 아무거나 마셔도 되는데, 마시고 싶은 것이 없는 경우가 많기 때문에 더더욱. 커피를 즐기지 못하던 사람에게는 이런 사소한 것이 다 순기능을 한다. 아메리카노의 사회생활이라고 불러볼까나.

"안 졸려? 오늘 커피 마셨지?"

"응."

유머 중독자

누군가 나에 대해 이야기할 때, 진지한 사람보다는 유쾌한 사람이라 말해주었으면 한다. 개인적으로 인생의 가장 중요한 덕목으로, 유머를 뽑기 때문이다.

그래서인지 낯선 이와 대화할 때면 머릿속 한구석에서 늘 농담을 던질 타이밍을 찾고 있다. 아쉽게도 종종 내가 던진 농담에 아무도 웃지 않는다. 또 어떤 때는 이 농담을 던져도 될지 고민하다가, 적절한 순간을 놓치기도 한다. 집으로 돌아와 아까 괜히 그 농담을 했나 싶어 이불을 걷어차기도 한다.
결국, 내가 유쾌한 사람인지는 확신할 수 없다. 다만, 쉬지 않고 농담을 던지고 있는 내 모습을 보고 있자니 '유머 중독자'가 아닐까 싶다.

생각해 보면 우리 주변에는 알게 모르게 많은 유머 중독자가 숨어 있다. 소개팅 자리에서 만나는 유머 중독자는 그나마 반가운 편이다. 웃기든 웃기지 않든, 일단 어색한 공백을 메워주기 때문이다. 물론, 정말 웃긴 사람들도 가끔 있다.

공적인 자리에 유머 중독자를 만나는 경우도 있다. 딱딱한 분위기를 아이스브레이킹 해주면 다행이지만, 난감한 순간도 찾아온다. 한 번 유머가 통한다고 느끼는 순간, 신이 나서 다음 농담을 노리기 때문이다. 게다가 유머 중독자와 진지한 이야기를 나눌 때면, 문득 '지금 이 일이 제대로 굴러가고 있는 게 맞나?' 싶은 생각이 들기도 한다. 물론! 나 역시 공식적인 자리에서는 농담을 꺼내지 않으려고 애쓰다가, 마음속에서 삐걱거릴 때가 많다.

아무쪼록, 웃기든 웃기지 않든 더 많은 유머 중독자가 세상에 숨어 있었으면 좋겠다. 그래서 이 긴장된 세상 속에 삐그덕거리는 농담이라도 주고받을 수 있다면 좋겠다. 덤으로 유머 중독자를 발견하는 재미도 생길 테고, 괜히 웃을 일도 많아질 테니까. '아하하, 유머 중독자셨군요.' 하면서 말이다.

'아무래도 아까 그 얘기는 하지 말 걸 그랬나. 아니야 생각해 보니, 얘기를 꺼내길 잘한 것 같기도 하고...아닌가? 그런데 왜 아무도 안 웃었지?'

툼 레이더는 아닙니다만, 비슷한 일을 하고 있어요

어릴 적 좋아했던 영화를 하나 뽑자면, 안젤리나 졸리 주연의 〈툼 레이더〉다. 이 영화를 처음 본 것은 초등학생 때였다. 그때부터 나의 꿈은 여전사였다. 양손에 칼을 쥐고, 불끈불끈 근육이 드러나는 검은 수트를 입고 차를 몰다가 획- 창문 밖으로 뛰어나와 총을 쏜 다음, 건물 높은 곳으로 단번에 뛰어오르는 여전사를 꿈꿨다. 나는 어른이 되면 여전사가 되는 줄 알았다. 원하는 만큼 키도 크고, 총도 쏠 줄 알 거라 믿었다.
아무튼 말도 안 되는 그 시절 이야기가 갑자기 떠오른 순간은, 차에 타지 않겠다고 발버둥 치는 하루를 번쩍 들어 올려 카시트에 태우고, 울고불고 난리부르스인 하루를 진정시키기 위해 노래를 불러주며, 차가 밀리지 않는 길을 찾아 골목골목 돌아 소아과로 향하던 어느 아침이었다. 나는 총도 쏠 줄 모르고, 창문 밖으로 점프는 무슨, 앞구르기도 할 줄 모르는 어른이다만, 이 모습이 〈툼 레이더〉 못지않은 여전사 같았기 때문이다.
"이게 툼 레이더지 뭐야."
중얼거리며 소아과 주차장에 도착했다.
오늘을 사는 모든 전사들이여, 화이팅!

불필요한 소비의 날

생일을 맞이하기 며칠 전부터 나는 휴대폰 메모장에 가지고 싶은 것들을 모아보기 시작한다. 일종의 생일 준비다.
"올해 생일에는 어떤 선물을 받고 싶어?"라는 질문에 "없어요."라고 대답하는 것만큼 슬픈 일은 없기 때문이다. 이렇게 나는 매년 생일이 다가오면 '어김없이 돌아온 호기심 해소의 날'이라 이름 붙이고, 평소라면 시도해 볼 생각조차 안 했을 물건들을 검색한다. 입어볼 일이 없을 옷도 찾아보고, '이 목걸이를 하고 다닐까?' 싶은 것도 골라본다. 대부분 생일 주간이 지나면 서랍에 들어가 버리지만, 가끔은 의외로 나와 어울리는 물건들도 만난다. 일 년에 한 번 허용된 사치라고 해야 할까. 마음껏 호기심 해소를 해본다.
이럴 때 아니면 언제 해보겠느냐 하는 심보다. 이정도 사치는 생일자의 여유라고 불러주면 더 고마울 일이기도 하고. 혹시 저와 비슷한 분들이 계신다면, 함께 외쳐봅시다.
"아아, 일 년 중 신나게 불필요한 소비를 할 수 있는 날이 왔네요! 기쁩니다!"

행복해!

육아의 기쁨

나와 비슷한 시기에 출산을 한 친구가 이런 말을 했다.
"내가 아는 어떤 사람은 아기가 낮잠을 자는 모습을 홈캠으로 지켜보면서 러닝을 한데."
아기가 자는 모습을 보며 건강해져야겠다는 다짐을 하고 또 하는 것이다. 나의 경우도 비슷하다. 매일 하루를 어린이집에 등원시키고 헬스장으로 향한다. 예전이었으면 며칠 하다 흐지부지되었을 법한데, 꽤 오랜 기간 매일 운동을 하고 있다. 하루하루 자라는 하루와 더 즐겁게 놀기 위해서다.
부모가 되면 바빠질 거란 생각은 하고 있었다. 다만, 여기에 나의 운동까지 추가될 것이란 생각은 하지 못했다. 요즘 들어서는 제일 중요한 것은 체력이다. 나의 몸과 마음이 건강해야 아이도 건강히 자라기 때문이다. 그러고 보니, 육아하면서는 챙겨 먹는 음식도 건강해졌다. 하루를 위해 만든 음식을 나도 같이 먹게 되기 때문이다. 매일 아침이면 번쩍 눈을 뜨는 아이 덕분에 일찍 기상도 해본다. 아이가 주는 기쁨들이 많지만, 예상치 못했던 것들이라 적어본다.

잘 먹고, 잘 자고, 잘 싸기.
승원이와 내가 하루에게 바라는 것은 간단합니다.

하루는 매일매일 이 대단한 것을 해냅니다.
그리고 승원이와 나는 하루에게 매일 말해줍니다.
"수고했어, 하루야!"

(아마도) 하루가 우리에게 바라는 것도 간단할 것입니다.

그만 자고 일어나기.

퇴사

10년을 근무한 회사에서 퇴사했다.
"도비는 이제 자유에요!*"
소리치며 사방팔방 외칠 것만 같았는데, 막상 조용히 시간이 흘렀다. 특별한 이유는 없다만, 얼마나 홀가분한지에 대해 말하자니, 찰나의 감정일지 모르고, 요동치는 감정으로 시끄러워지고 싶지 않았기 때문이다. 혹여 누군가 퇴사를 진지하게 고민하고 있다면, 더욱 이런 감정 전달은 불필요해 보였다. 나는 진지하고 조금은 무거운 어조로 말하고 싶기 때문이다.
"그럼에도 한 번 더 고민해 보세요."

내게 퇴사는 '더 이상 직장에 출근하지 않는다'는 것과는 다른 의미다. 어릴 적부터 좋아했던, 어떻게 하면 직업이 될 수 있을지 모르겠다던, 그런데도 좋아서 했던 일, 그림을 그리고, 글을 쓰기 시작한 지 오년이 지난 어느 날, 퇴사를 결정했기 때문이다. 그래서 퇴사는 제2의 인생을 사는 일에 가깝다.
내가 퇴사를 결정할 수 있었던 것은, 늘 옆에서 지지해 주는 승원이가 있었기 때문이고, 나의 행보를 응원해 주는 엄마, 아빠가 있었기 때문이다. 결정적으로 아빠가 해준 한마디가 내게는 매우 합리적이었다.

"인생의 터닝포인트는, 10년을 주기로 바꿔줘야 하는 거야."

그렇게 이십 대의 나를 만든 아랍어와, 10년을 근무한 직장을 정리하며 새로이 다가올 삶을 만들어 가기로 했다.

마지막 출근날 승원이가 하루를 데리고 사무실 앞에 와주었다. 승원이는 내게 꽃과 표창장을 주었고, 나의 (아마도) 마지막이 될 직장 상사와 이야기를 나눴다. 그동안 나는 함께 근무한 동료들에게 하루를 소개해 주었다. 마지막 출근 날의 기억은 10년 동안의 근무 일 중 가장 아름다웠던 것 같다.

그럼에도 내가 불투명한 미래를 선택했다는 것은 변함이 없다. 불투명한 만큼 언제 어떤 펀치가 날아와 나를 치고 가더라도 전혀 이상할 일이 없는 미래다. 단지, 다른 것이 있다면, 멀리 큰 파도가 온다고 주눅 들지 않는다는 것이다. 원래 삶이라는 것이 이런 거라는 생각을 하며, 그리고 나의 선택을 믿으며. 그리고 엄마가 해준 말을 기억하며.

"신나는 퇴사, 미래로의 전진!"

* J.K. 롤링의 『해리 포터와 비밀의 방』에 등장하는 도비(Dobby)라는 집요정이 자유를 얻은 순간 외친 말입니다.

나는 나를 믿어.

그게 어떤 것이냐면 말이지.

혹여 나의 선택이 틀리더라도, 후회란 없어.

그 순간 내가 내릴 다음 선택을 믿거든.

나는 그렇게 살거야.

함께 키우는 꿈

런던에서 열리는 일러스트 페어에 나갔을 적의 일이다. 연고 없는 곳에 그림을 소개하러 간 것이었기에, 오늘은 어떤 사람들을 만날지 궁금해하며 자리를 지키고 있었다. 그때 저 멀리에서 천장까지 닿을 정도로 키가 큰 아저씨가 성큼성큼 나의 부스로 다가왔다.

"이 아이도 나중에 커서 일러스트레이터가 되고 싶어 해요, 잘할 수 있을까요?"

고개를 내려 아저씨 주변을 살펴보니, 곱슬머리 딸이 등 뒤에서 슬금슬금 튀어나왔다. 열다섯 살쯤 되어 보였다. 나의 대답에는 조금도 망설임이 없었다.

"그럼요! 저도 이렇게 서 있는걸요!"

"고마워요, 페어에 와서 많은 것을 보고 경험해 보라고 같이 왔어요."

아저씨의 두 눈은 빛이 났고, 그의 표정에서 나는 그가 행복하다는 것을 알 수 있었다. 그 순간 나는 이렇게 대답했다.

"이거 하나는 확실해요. 좋은 아빠를 두었으니, 꼭 할 수 있을 거예요!."

Until The Next Time

만남과 헤어짐을 표현하는 말에는 다양한 문장이 있다. 하지만 그 어느 문장도 '헤어짐이 아쉬운 마음'을 충분히 담아내지 못하는 것 같다. 그럼에도, 내가 가장 좋아하는 인사를 하나 꼽자면, '다시 만날 그날까지 (Until the next time)'이다.

얼마 전, 독일에 사는 일본인 친구 아누가 남편 스테판과 함께 한국을 방문했다. 나와 승원이는 신혼여행 중 아누 부부와 저녁을 함께한 적이 있었는데, 그 이후로 넷이서 한 테이블에 모여 앉은 것은 근 6년 만의 일이었다. 우리가 나눈 대화는 6년

전 대화보다 조금 더 나이가 들어있었고, 우리는 자연스럽게 가족, 아이, 그리고 사는 것에 대한 이야기를 나눴다.

그러고 보면 결혼하기 전까지만 해도 우리는 꽤 많은 날을 함께 보냈다. 나는 유럽에 갈 기회가 생기면, 가능한 한 아누가 유학 중인 독일의 도시, 본을 방문했고, 아누 역시 일본으로 오게 되는 날이 되면 경유지를 서울로 하여, 함께 보낼 시간을 만들었다. 그리고 그때마다 나눈 인사말이 바로 'Until next time'이다. 이 말을 나눌 때마다 나는 다시 마주할 그날까지 그녀의 행복을 빌어주는 마음과 우리는 다시 만날 것이라는 약속을 담았다.

6년 만에 만난 아누를 위해 나는 내가 낼 수 있는 최대한의 시간을 만들었다. 우리가 즐겨 먹었던 음식을 다시 먹어 보고, 어느 날에는 한 번도 만취한 모습을 보지 못한 것이 아쉽다며 계속 술잔을 채워주기도 했다. 그렇게 짧은 시간이 흘렀다. 그리고 우리는 다시 다음을 기약해야 했다.

"Then, until the next time! (다시 만날 그날까지)"
아누가 말했다.
"Yes, until the next time!"
내가 대답했다.

나는 다시 한번, 다시 만날 그날까지 그녀의 행복을 빌었다. 언제가 될지 모르는 그날이 왔을 때, 우리가 또 어떤 이야기를 나누게 될지 기대를 담아.

다시 만날 그날까지 우리,

하나, 마음껏 행복하기로 해

둘, 신나는 마음은 감추지 않기로 해

셋, 때로는 무모한 결정도 밀어붙여 보기로 해

넷, 내 옆에 있는 사람에게 고마움을 자주 표현하기로 해

다섯, 그날이 언제가 되더라도 준비되어 있기로 해

#홍차를_마시고

좋아하는 사자성어가 무엇인지 물어본다면 - 물론 이런 질문은 생전 하지도, 받지도 않지만 - 나는 두말하지 않고 '다반향초'를 말할 것이다. 찻잔에 차를 따라 두고 반나절이 지나도 차는 여전히 그 향을 머금고 있다는 뜻이다. 고등학생 시절 신문을 읽다가 알게 된 이후로, 나는 다반향초라는 단어를 마음 깊숙한 곳에 담아 애정하고 있다.

그나저나 차갑게 식은 나의 찻잔 속에 가득한 향은 어떤 향일지 상상해 본다면, 홍차 향이 그득 할 것이다. 본격적으로 홍차를 즐기게 된 건 쿠웨이트에서 유학하던 시절이었다. 횡단보도 없는 도로, 끊이지 않고 빵빵대는 클랙슨 소리, 그리고 내리쬐는 태양 빛. 모래바람이 불면 '모래바람이 불어서', 어쩌다 비가 오면 '폭우가 내려서', 그리고 목요일이 되면 '오늘은 목요

일이니까' 휴강하는 대학 수업*. 딱히 한 일도 없는데 기숙사에서 나오기만 해도 지쳐버리는 나날 속에서 나를 반겨준 것은 거리 위 작은 카페들이었다. 메뉴판조차 없는 카페도 많았고, 홍차와 아랍식 커피가 대부분이었다.

당시 나는 커피를 좋아하지 않았기에, 홍차를 마셨다. 어쩌다가 여기까지 온 건지, 이 공부를 잘 마칠 수 있을지, 한국으로 돌아가면 무엇을 해야 할지, 고민을 안고 찻잔을 들었다.

쓴맛과 달콤한 향을 동시에 즐길 수 있다는 것이 홍차의 매력이다. 그 모습이 마치 삶과 닮았다. 달콤했다가도 쌉싸름하고, 쌉싸름하면서도 다시 달콤해지기 때문이다.

돌이켜 보면, 홍차를 마시던 시간이 마냥 쓰지만은 않았던 것 같다. 의미 없는 시간 같았지만, 콜라를 마시며 기숙사 강당에서 미친 듯 춤을 춰보기도 했고**, 기숙사 내 소매치기범을 잡아보기도 했으며***, 무엇보다 사람을, 친구를 얻었기 때문이다. 게다가 소정의 연수 목표를 달성하기도 했다.

유학을 다녀온 지도 벌써 십 년이 훌쩍 지났다. 많은 것이 잊혀져 가지만, 이 글을 쓰는 지금도 나는 홍차를 마시고 있다. 그러고 보면, 나는 아랍으로 언어를 배우러 갔지만, 달콤쌉싸름한 홍차의 맛과 인생을 배우고 온 것 같다.

* 아랍 국가는 금요일, 토요일이 휴일이다 (불금이 아닌 불목을 즐긴다).
** 쿠웨이트는 엄격한 이슬람국가로 주류 반입 및 음용이 법적으로 금지되어 있어, 콜라 속 탄산이 유일한 사치였다.
*** 어느 이집트 학생이 범인이었다. 나와 친구는 수상한 흔적들을 모아 범인을 잡아내었다.

거울 속의 나

길을 걷다가 비치는 내 모습을 보면서 흠칫 놀랄 때가 있다. 허리는 한껏 구부정하게 구부리고, 다리보다 얼굴이 먼저 앞으로 나가려고 한다. '도대체 머리는 뭐가 그리 급해서 앞으로 가겠다고 아우성인지.'하며 목을 바로 세운다. 샤워하러 들어갔다가 화장실 거울에 비치는 모습은 또 어떤가, 현미경으로 바라보는 것처럼 모공들과 자글자글한 주름들이 한눈에 보인다. 놀랄 일은 이게 다가 아니다. 어딘가에 녹음된 내 목소리를 우연히 들을 때면, 세 - 상 - 에.

다들 이렇게 놀라며 사는 건지, 나만 매번 놀라 자빠지는지 모르겠다. 분명 내 머릿속 '나'는 거울을 통해 비친 나보다 조금 더 잘났는데 말이다. 심지어 거울 속 스스로를 보며 자존감이 한참 떨어져 있을 때는 이런 생각도 든다.
'승원이는 내가 뭐가 좋아서 결혼한 거지?'
그럴 때면 달려가서 물어본다.
"내가 뭐가 좋아서 결혼한 거야?"
"뭐긴 뭐야. 다 좋지."

정답만 말해주는 남편이 있어 다행이지만, 이럴 때는 조금 더 구체적인 답을 주었으면 좋겠다. 내가 보지 못한 나의 모습을 승원이의 입을 통해서 알고 싶은 것이다.

혹시, 내가 좋아하는 누군가로부터 비슷한 질문을 받게 되거든 하나하나 세세하게 구체적으로 얘기해주자. 그 사람에겐 큰 위로가 될 것이다. (승원이도 이 글을 읽고 있다면 그렇게 해주시오.)

롤러스케이트와 음악

요즘도 롤러스케이트라는 것을 타는지 모르겠다만, 내가 어릴 적에는 롤러스케이트가 신발이던 시절이 있었다. 이렇게 이야기하니, 엄청나게 나이가 든 사람 같다. 이왕 이렇게 된 것 고백하자면, 그 시절 롤러스케이트는 나의 신발이었다.

한 번은 엄마가 우유 한 팩을 사 오라며 천삼백 원을 쥐여주셨다 (우유 한 팩이 천삼백 원이라니, 본격적으로 작가의 나이를 계산하고 계신 독자님들이 분명히 계시겠습니다, 허허). 나는 삼백 원은 주머니에 넣고 천 원짜리 지폐를 엄지손가락과 집게손가락으로 집은 상태로 롤러스케이트를 신었다.
당시에는 '열심히 일한 당신 떠나라'라는 카피사 광고가 유행했고, 내가 좋아하는 듀엣 사이먼 앤 가펑클의 The Boxer가 그 광고의 배경 음악으로 사용되었다. 나는 음악 속 후렴구 '나이니 나이~ 나이니 나이 나이 나이나이 나이'를 부르며 (지금

확인해 보니, 'Lie-la-lie Lie-la-lie-lie-lie-lie-lie'라는 가사였지만, 당시에는 영어를 몰랐기에 그냥 나이니 나이였다) 슈퍼마켓으로 향했다.

실바람을 타고 '열심히 일한 당신 떠나라'를 외치며 달리는 도중, 두 손가락에 끼어 있던 천 원짜리 지폐가 바람을 타고 날아가 버렸다.

'앗, 엄마가 주신 천 원!'

지금 돌이켜 보면, 그깟 천 원짜리라고 말할 수도 있겠지만, 당시에는 천 원으로 정말 많은 것을 할 수 있었기에 귀한 천 원이었다. (당장 과자가 몇 개인가!) 나는 하늘이 무너진 것처럼 충격을 받았고, 당연히 엄마에게도 혼이 났다. 그럼에도 마음속으로는 '실바람에도 날아가 버리는 그깟 종이 한 장' 때문에 혼이 난다는 생각에 억울했다.

갑자기 이 이야기가 문득 떠오르는 것은 마침 흥얼거리고 있는 음악이 사이먼 앤 가펑클의 'Bridge Over Troubled Water'이기 때문이다. 궁금해서 찾아본 건데, 이 노래는 1970년도에 발매된 사이먼 앤 가펑클의 5집이자 마지막 앨범이라고 한다. 어느새 천 원짜리 우유는 이천 원이 되고 삼천 원이 되었다. 긴 시간 속에도 변치 않고 여전히 숨 쉬는 음악을 들으며, 이런 생각이 든다. 음악이, 눈에 보이지 않는 것들이, 마음에는 가장 오래 남아있구나.

'그런데 그 천 원은 어디로 갔을까?'

강낭콩

강낭콩이 뭔지도 모르는 하루가
어린이집에서 강낭콩을 심어 왔다.

이 작은 화분에 고사리손으로 심은 고사리콩이 들어 있다니,
'이게 얼마나 빨리 자라겠나' 하고 생각했다.

그런데 강낭콩에 싹이 트더니,

어느새 쑥쑥 자라있다.

하루야, 뽀뽀~

이렇게 하루도 훌쩍 커 버리려나 하는 생각이 들어,
오늘은 더 행복하게 보내야겠다는 생각이 든 하루다.

양파 마을

'이벤트 밀도'라는 표현이 있다. 유현준 교수님의 강의에서 알게 된 것인데, 교수님은 100미터를 걷는 동안 들어갈 수 있는 가게 입구의 수, 그것을 기준으로 거리를 걸을 때 새로운 것을 마주칠 확률이 높은 곳을 "이벤트 밀도가 높은 거리"라 불렀다. 그러고 보니, 내가 좋아하는 동네들은 늘 이벤트 밀도가 높았다. 골목골목 펼쳐지는 상권과 각기 다른 모양의 주택들 덕분에, 같은 길을 걷고 또 걸어도, 매번 다른 풍경과 이야기들이 펼쳐진다.

생각을 확장해 보자면, 까면 깔수록 새로운 모습을 드러내는 양파 같은 사람들을 '이벤트 밀도가 높은 사람'이라 부를 수 있지 않을까. 매번 새로운 이야기로 대화를 나눌 수 있는 '이벤트 밀도'가 높은 사람들은 언제 봐도 또 보고 싶어진다. 나는 운이 좋게도 '이벤트 밀도'가 높은 동네에서, 까도 까도 새로운 모습을 보여주는 양파 같은 사람들을 두어 알싸~한 삶을 살고 있다. 이참에 나도 새로운 이야깃거리로 알싸한 맛을 장착해서 보답이란 것을 해야겠다.

양파 같은 사람들의 특징은 무엇일까?

마음 좀 쓸 수 있는 어른

'Kill Your Speed, not a Child'
런던에 방문했던 시절, 숙소로 들어가는 골목에서 발견한 어린이 보호구역 표지판 문구다. 킬이라는 자극적인 단어를 사용해서인지, 문구가 머릿속에 맴돌아, 골목을 지날 때면 고개를 들어 표지판을 바라보았다. 게다가, 한국에 와서도 운전할 때면, 이 문구가 떠올라 속도를 줄이게 된다.
한술 더 떠서, 한국에서도 어린이 보호구역 표지판에 충격을 줄 수 있는 문구가 하나 들어가면 어떨지 생각을 해보았다. 누구든 운전하다가 정신 똑바로 차리게 말이다. 아마도 런던에서 내가 본 표지판 문구를 직역하자면 이런 뜻이지 않을까 싶다.
'브레이크를 밟으세요, 아이를 밟지 말고.'

한편, 뉴욕에서는 시내 전역에서 차량 제한 속도를 시속 32km로 제한하는 법안이 통과되었다고 합니다. 아이들을 위해서라면, 어른인 우리는 조금 더 마음을 쓸 수 있으니까요. 우리 모두 속도를 줄입시다.

행복 이야기

대단한 삶을 살겠다는 포부 같은 것은 없다. 애초에 나란 사람은 거창한 것보다 작은 것을 더 좋아하기 때문이다. 그래서 지금 행복하겠다는 작은 욕심을 품고 산다.
작은 목표, 욕심이라 때로는 아주 쉽게 성취해 내곤 하는데, 예를 들면 아침에 일어나 창문을 전부 열고 집 안을 환기하는 것이다. 차가운 바깥 공기를 마시고 나면, 따뜻한 물을 한 잔 마신다. 그리고 다시 방으로 들어가 고이 잠든 하루의 머리카락을 한 번 쓰다듬고 나온다. 오늘 아침의 행복이다. 아침부터 무척이나 행복해진 나는, 그 기분을 안고 오전을 보냈다. 그렇게 작게 시작된 행복에서 이어진 선택들은 또 다른 행복을 선물한다.
작게 시작한 행복은 오늘의 행복이 되고, 오늘의 행복은 행복한 삶으로 이어진다. 이런 욕심이라면 마음껏 부려도 어떨는지?

〈번외 - 하루의 행복 이야기〉

하루는 신발을 좋아한다.

신발을 신으려면 다른 신발 한 짝을 손에 들어야 하고,

신발 한 짝을 뺏으려면 또 다른 신발 한 짝을 손에 쥐어야 한다.

(하다못해 양말이라도)

그래서 하루가 있는 곳에는 늘 신발 한 짝이 따라다닌다.

신발을 든 하루는 무척이나 행복하다.
하루의 행복은 쉽다.

나는 하루를 보며 행복을 배운다.

즐거운 인생

나는 성격이 급하다. 그래서 결정도 빠르고, 결정하고 나면 실행은 더 빠르다. 가끔은 '무엇을 망설여? 결정했으면 얼른 실행해야지!' 하고 속도감을 즐기기도 한다. 하지만 나만의 시간으로, 공간으로 들어오면, 지독하게 느려진다. 그중 하나는 바로 서랍장 정리다. 특별히 아껴서 하는 일이기 때문이다. 나의 서랍장 정리 철학을 적어 보자면, 아래와 같다.

1. 물건마다 제자리를 찾아준다.
2. 중요도에 따라 위치도 정해준다.
3. 오랜만에 만난 물건과 즐거운 시간~

하나하나 물건을 꺼내 물건끼리 자리를 정해 주고, 중요도에 따라 위치도 정해 줘야 한다. 그러다가 서랍장 구석에 박혀있던 작은 도장이라도 발견하면, 도장을 찍어 볼 수첩과 잉크 패드를 찾느라 정신이 없어지기도 한다. 언젠가 색이 예뻐서 샀던 펜을 발견하면 '찾을 때는 없더니 이제야 나타났군!' 하며 다이어리를 꺼내 한참 글을 끄적이기도 한다. 이렇게 하나하

나를 만지다 보면, 이건 오래 걸리거나 혹은 끝나지 않을 일이 되어버린다.

그래서 어느 저녁, 정리를 하겠다며 한 칸씩 서랍장을 빼내기 시작하면 승원이는 긴장한다. "날이 밝으면 하는 것이 어떻겠니?"하며 회유도 한다. 미안하지만 이런 일은 해가 질 무렵에 해야 제맛이다. 잘 때까지 치우지 못하는 날들엔, 승원이가 도와준다 (아마도, 그래서 긴장한다).

누군가에게는 노트를 꺼내 들고 필통을 열어 끄적이는 일이 될 수도 있겠다. 도마 위에 야채를 꺼내 다듬는 일이 될 수도 있겠고. 아무쪼록 천천히 아껴서 하는 일이 있다면, 즐거운 인생인 것 같다.

<번외 - 복잡한 인생>

나는 취미가 서랍 정리인 사람과 산다.

본인은 정리가 얼마나 어려운 일인지 아냐며,

물건의 배치를 강조하며 뒤적이지만,

내가 보기에 이건...난장판이다.

그래도 행복해보이니 다행이긴 하다.

좋아하면 닮는다

강아지와 주인은 닮는다고 한다. 그래서인지, 산책길에 만난 강아지와 그 주인을 보면 상상의 나래를 펼친다. 오늘은 총총 걷는 작은 강아지 뒤에 따라오는 덩치가 큰 주인을 보며 이런 생각을 했다.

'그래, 사람은 겉모습으로 속을 다 알 수가 없지, 아마도 저 큰 주인은 알고보면 귀여운 마음을 가지고 있는 사람일 수도.'

좋아하는 사람이 서로 닮는 것은 어쩔 수 없는 일이다. 좋아하는 사람은 자주 쳐다보게 되고, 자연스레 그 사람의 일거수일투족을 관찰하게 되니까. 나도 모르게 그 모습을 따라 하고 있다. 이보다 더 자연스러운 일이 있을까.

그런 의미에서 나의 행동을 한 번 더 가다듬게 된다. 지금은 나를 바라보는 사람이 둘이나 되었으니, 한 번 더 거울을 쳐다보고, 행동을 고쳐본다. 나를 좋아해 주는 사람이 있다는 것으로 부지런해지는 오늘이다.

사람마다 아우라라는 것이 있지.
옷으로 감출 수 없는 냄새랄까.

둥글게 둥글게

흐린 눈 뜨고, 둥글게.
둥글게 생각하고 대충 흐린 눈 뜨고 살려고 노력한다. 두 눈 부릅떠봤자, 흠만 더 잘 보일 뿐이니. 한 번 사는 인생 적당히 둥글게 넘어가 주면 안 되나 하는 생각이다.
그래서일까. 나는 실수도 잦고, 놓치는 것도 많다. 두 눈을 제대로 뜨지 않은 결과이니, 어찌 보면 나의 숙명이다. (그렇다. 나는 내 자신에게도 관대하다)
그런데도, '둥글게~둥글게~' 살고 싶은 마음은 변하지 않는다. 어떻게든 둥글둥글 지금껏 굴러왔고, 내가 가장 자신 있는 일이기 때문이다. 흐린 눈하고 둥글게 굴러가는 것.
덧붙이자면, 흐린 눈을 하면 실망할 일도 적다. 자세히 쳐다보지 못했기 때문에, 실망할 기회도 놓치기 때문이다. 게다가 실망은 기대에서 비롯되는 감정인데, 눈을 흐리게 뜨니 기대가 구체적이지 않다. 그러니 실망도 구체적이지 않다.
아무쪼록 살짝 흐린 안경을 끼고 살면, 마음도 둥글둥글해지는 것 같다.

'대애충 헤드라인만 읽어야지.'

나의 행복을 지킨다

나이가 들수록 지켜야 할 것들이 많아져 보수적인 선택을 하게 된다는 글을 읽은 적이 있다. 아마도 지금의 삶을 위한 소중한 것들이 내 곁에 오래 머물기를 바라는 마음에서 비롯된 것일 테다. 가족, 사랑, 행복, 친구, 건강, 직업…. 우리는 나열하자면 끝도 없이 많은 것들을 지키며 살아간다.

얼마 전, 나와 승원이는 우리가 겪어본 가장 보수적인 여행을 다녀왔다. 예전 같았으면 늘 새로운 곳, 높은 층에서 도시 전망을 즐길 수 있는 숙소를 찾아 헤맸겠지만, 이번엔 아주 보수적인 기준으로 숙소를 골랐다. 집에서 거리가 멀지 않고, 아기가 먹을 만한 음식점이 있으며, 유아 풀에 온수가 잘 갖추어져 있고, 바닥은 카펫이 아닌 마루여서 먼지가 날리지 않는 곳. 우리가 지키고 싶었던 것은 하루의 안전과 행복이었다.

게다가 수영이라면 사족을 못 쓰고 물개처럼 달려드는 우리였지만, 이번엔 수심 20cm의 유아 풀에 들어가 하루와 물장난을 하며 행복한 시간을 보냈다. 수영장에 가서 수경도 없이 이렇게 즐거웠던 건 참 오랜만이었다.

나이가 든 기분이다. 예전에는 쳐다도 보지 않았을 것들을 선택하며, 그 안에서 행복을 발견한다. 지켜야 할 것들이 하나둘 생기고 있다. 이렇게 느슨하게, 어른이 되어가는 걸까 싶다.

Happiness is an inside job.

갑자기 어른 | 에세이

위를 바라보는 삶은 좀 질린다. 나는 나를 바라보는 삶을 살아야지.

아무래도 좋은 하루 | 에세이

어떻게든 긍정적인 방향으로 내게 주어진 상황을 해석한다. 지금 나는 상처되는 일들은 잊고 살아도 되는 어른이니까.

나를 아끼는 마음 | 에세이

아니, 솔직히 말해보자고. 우리는 정말 좋은 사람이 되어야 할까?

스물다섯 가지 크리스마스 | 소설

매일이 크리스마스인 사람들을 위한 스물다섯 가지 단편 소설.

눈사람의 편지 | 소설

눈사람의 겨울에는 무슨 일들이 펼쳐질까! 알 수록 흥미진진한 눈사람의 세상.

14번가의 행복 | 소설

14번가에서 벌어지는 행복한 이야기, 어쩌면 행복을 찾는 사람들의 이야기.

How To Love Myself 나를 아끼는 60가지 방법들 | 일러스트북 아무도 아껴주지 않는 나의 마음, 내가 먼저 아껴줄 수 있을까요?폴라리또와 나 | 소설

어느 날 빙하가 녹았다. 북극곰 폴라리또와 친구들에게 펼쳐지는 여정을 담은 이야기.

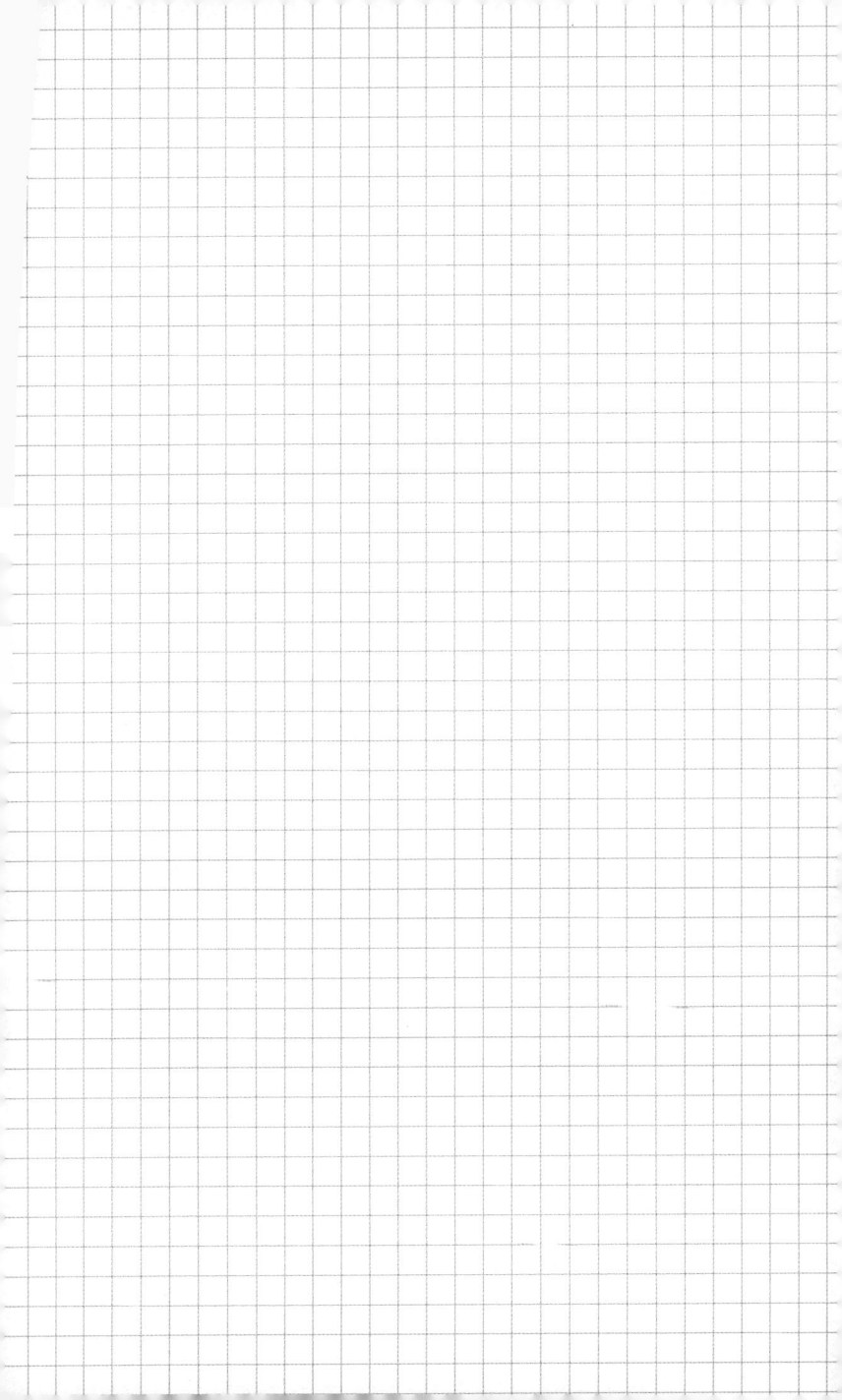

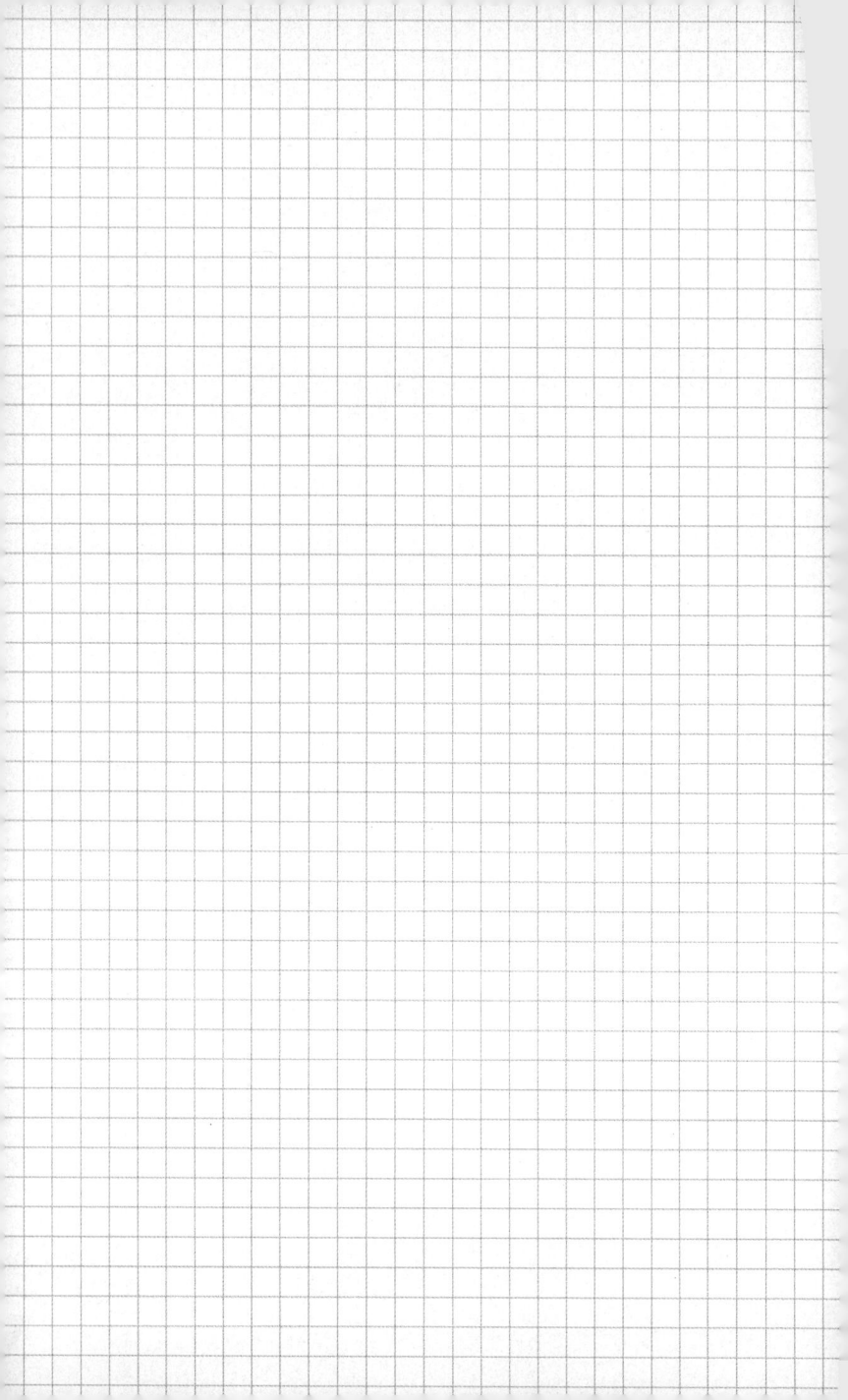